와온

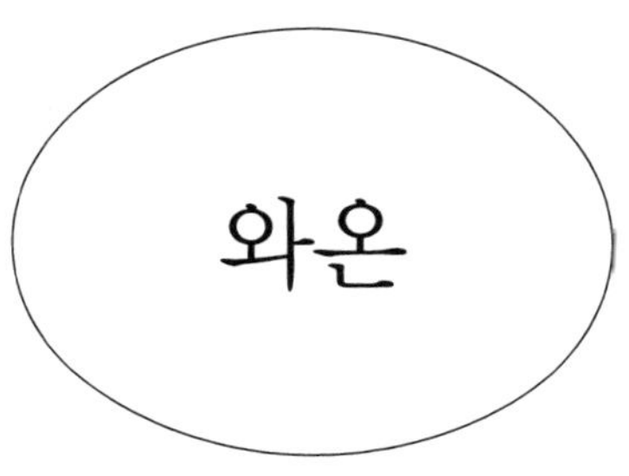

와온

김경성 시집

문학의전당

自序

더는 내려갈 곳 없는 바닥이 된 후
사막에 가서 울었다.

내 몸 안에 있는 영혼의 발전기에
사막의 바람과 햇빛을 가득히 넣었다.

부디
흩어지는 말보다도
깊이 가라앉은 말들이
내 안에서 많이 살아남아 주기를

내 가슴의 흰 뼈에
그대의 말을 돋을새김할 때까지
나무, 꽃살문, 길, 폐허, 바람 속에 오래 갇혀있기를

사랑하고 싶다.

2010년 가을, 푸른 잉크병을 열며

| 차례 |

1부 직립으로 눕다

2부 물고기 방

3부 바람의 발자국

4부 붉은 달에 관한 기억

와불과
소나무의 손과
바람과
와불의 몸 위에 걸쳐 있는 그림자 흔들리고
제 안의 침묵의 소리가 크게 들렸습니다

오래된 그림자
–관룡사* 당간 지주**

시간이 흘러가도 차오르지 않는다, 다만 흘러가는 것들의
흔적만이 켜켜이 쌓여갈 뿐
해체할 수 없는 기억은 읽을 수 없는 암각화처럼 쓸쓸하다
그대가 누구인지 알기 위해서 심지를 꽂았던 가슴에는
우물 같은 자국이 있다, 그 너머로
조금씩 무너져가는 오래된 탑과
빛과 바람이 스칠 때마다
기억을 지워가는 벽화의 채색 빛처럼
대웅전 어칸 문의 경첩이 기억하고 있는
문이 열리고 닫혔던 숫자만큼
제 몸을 뚫었던 기억이 있을 것이다
가슴 안으로 물컹하게 들어갔던 것, 혹은 빠져나왔던 것
흔적으로 남아
뚫린 가슴 너머로 바람 흘려보내며
푸른 깃발을 기다리고 있다
허물어져가는 시간의 눈금 위에 서서
결코 무너지지 않으리라고
온몸에 푸른 꽃 피도록 오래 서 있다

* 경상남도 창녕군 창녕읍 옥천리 구룡산九龍山 중턱에 있는 절.
** 당간 지주 : 절의 성격을 나타내는 지지대.

나무의 유적

얼마나 더 많은 바람을 품어야 닿을 수 있을까
몸 열어 가지 키우는 나무,
나뭇가지 부러진 곳에 빛의 파문이 일고 말았다
둥근 기억의 무늬가 새겨지고 말았다
기억을 지우는 일은 어렵고 어려운 일이어서
끌고 가야만 하는 것
옹이 진 자리,
남아 있는 흔적으로 물결무늬를 키우고
온몸이 흔들리도록 가지 내밀어
제 몸에 물결무늬를 새겨 넣는
나무의 심장을 뚫고
빛이 들어간다
가지가 뻗어 나갔던
옹이가 있었던
자리의 무늬는, 지나간 시간이 축적된
나무의 유적이다
지워지지 않는 기억이 아름다운 무늬를 만들고
무늬의 틈새로 가지가 터진다, 잎 터진다, 꽃 터진다
제 속에 유적을 품은 저 나무가 뜨겁다
나무가 빚어내는 그늘
에 들어앉은 후 나는 비로소 고요해졌다

견고한 슬픔 1
-폐염전

水東里産 쌀포대
한 달째 따순밥 풀어놓더니 축 늘어져 있다
무언가를 담고 있었던 것이나, 떠나고 난 자리는
왜 저리도 깊은 주름이 새겨지는 것인가
그대 내 안으로 들어와 훑고 앉은 자리
듬성듬성 잘려나가 절망이어도
철철 넘치게 드나들던 수많은 자국
기쁨은 기쁨으로
절망은 절망으로 절여져서
주름이 지고 말았다

꺾이어진 바람의 날개가 쌓여
갯바닥에도 물결무늬 졌다
몇 장 남지 않은 함석지붕 골마다 갯바람 고여 흘러내린다
바람이 불어가는 쪽으로 기울어지는 풍경들
일으켜 세우지도 못하고 함께 넘어졌다
바람의 깃털로
주름진 가슴 가만가만 쓸어내려도
싸르라니
내 속이 아프다

가오리가 있는 풍경

하루 종일 오는 사람 없는 어촌
바닷물 들어오지 못하게 돌담을 쌓아놓았다

파도소리 달치게 끌고 와서 쏟아놓던 갯바람 그냥 가기 섭섭했는지
마당 몇 바퀴 돌다가 나간다
장대 끝에 걸려 있는 마른 가오리 몇 마리 지느러미 흔들어 하늘로 날아오르더니
파도소리 크게 울릴 때마다
하늘 복판으로 들어가 첨벙거린다
집게에 물린 어린 빨래들 물방울 튕기며 뛰뛰기하고
대문 옆 사철나무 물풀처럼 흔들거린다

쇠줄로 매어놓은
눈 먼 개 한 마리 엎드려서
물끄러미, 가오리를 좇고 있다

어느 나무에 관한 기록

슬픔이 깊을 때에는
등뼈를 구부리고 무릎에 얼굴을 묻고 있으면
슬픔이 찾아들기도 한다
한겨울 빈 가지로 서 있던 두물머리 느티나무,
한여름 해질 무렵에 닿았다
느티나무의 몸이
둥근 내 등뼈 같아서 왈칵 눈물이 났다
느티나무의 몸속에 새집이 있다면 부레일 것이다
물속으로 뛰어들고 싶은 간절함이 새의 부리에 닿아
둥근 집을 짓게 했다
느티나무의 전생이 물고기였다는 것을 나는 안다
몸속으로 바람을 들이는 저 나무도
바람의 결을 타고 어디론가 떠나고 싶을 때가 있다
너무 깊은 곳까지 뿌리를 내린 탓에
한 걸음도 걸을 수 없는 슬픔이 깊어질 때마다
푸른 비늘 틔워서
둥근 등뼈를 만든다
슬픔이 녹아 기쁨이 되는 어느 가을쯤
비늘 한 장 한 장 물 위에 띄워 보내며
뚝뚝 소리 나는 관절 사이로

바람 가득 품고 있는 둥근 부레
환하게 떠오를 것이다

맷돌

왜, 너의 가슴속으로 들어간 것들은 모두
가루가 되거나, 즙이 되거나
덩어리 하나 없이 그렇게 다 부서져 버리는지 몰라
슬픔이 너무 커서
무언가를 부서뜨리지 않으면 견딜 수 없기 때문이지
가루가 되지 않거나, 즙이 되지 못하고 떨어지는 것들은
너무 깊은 상처 덩어리이거나
처음부터 네 마음의 입구가 어디인지 모르고 덤볐기 때문이지
단단하게 옭아맨 어처구니 붙잡고
마음 가는 쪽으로 기울어지다 보면 슬픔도 가벼워질 적이 있지
참을 수 없는 고통이라든가, 쓸쓸함 같은 것
때로는 덩어리째 꿀꺽 삼키고
폭탄 같은 너의 가슴에 기대어서
무작정 함께 빙글 빙글 돌고 싶어
슬픔이 섞여서
가벼워질 때까지

저수지의 속 길

왜, 그 순간 물 빠진 저수지의 속 길이 생각났는지 몰라

가뭄 끝, 바닥이 드러난 저수지
각질이 일어난 저수지의 발바닥쯤이었을까, 지문이
다 지워진 손바닥이었을지도 모르지
저수지의 몸속으로 들어가는 길이 보였던 거야
목젖 근처에서 뻗어 나가는 길 강둑까지 이어져 있었지
물속에 잠겨 있는 동안 그가 걸어 다녔던 길이었을까
둑에 갇힌 채
제 속에 담긴 것들의 전생을 읽거나
한없이 뛰어드는 붙잡을 수 없는 것들 끌어당겨서
길의 끝에 올려놓았을지도…
이른 아침 부리를 씻어내는 새들이
먼 곳에서부터 그어놓은 어떤 기류의 끝자락이며
어린 새들의 처음, 목을 적시는
저수지 안쪽으로 흘러들어 가는 물줄기는
길의 끝이 아니고 길의 시작이었으니
모든 것 다 퍼내고
아프게, 제 속의 것 다 드러내야 보이는
송진 같은
저수지의 속 길

응고롱고로

응고롱고로*에는
매장당하지 못하고
풀밭에 그림자 늘이고 있는 짐승의 뼈가 있다
아침이 밝아오기 전에 초원을 달렸을,
그러나 지금은 목덜미에 깊은 상처를 입고
다리가 찢겨 속도를 잃어버린,
더 이상 바람의 소리도 듣지 못하고
빛도 감지하지 못하는
어린,
임팔라를 물고
하이에나 한 마리 물가로 걸어오고 있다
죽음과 생을 잇고 있는 심줄 끊으려고
욕망의 칼날 얼마나 세웠을까
핏빛 흔적 지우려 진흙탕 속에 뒹굴어보지만
죽음의 냄새는 사라질 수 없는 법, 독수리 두 마리
임팔라 위를 맴돈다, 햇빛은 강렬하다
하이에나 목덜미에 묻어 있는 핏물 또한 진하다
플라밍고 떼,
내리꽂히는 빛줄기 깃털에 꽂고
물기 잃어가는 호수 부리에 물고 있다

타조가 쏟아놓고 간 둥근 알 풀밭에 박혀있다
깃털 푸른 새, 날갯죽지 속에 부리를 넣고 있는 사이
하이에나의 뒷모습 점점 흐려진다
뿔도 돋지 않은 임팔라 눈을 감아버렸다
한번 들어오면
세상의 빛과 단절하기 전에
언덕을 넘어갈 수 없다는
지상에서 가장 농밀한 저밀도의 바람이 부는
응고롱고로, 잔등에 기대고 있는
저 빛나는 유적들

*탄자니아 북부의 동아프리카 지구대에 있는 사화산의 분화구. 마사이어로 '거대한 구멍' 을 뜻한다.

통명痛鳴

1

보광사 만세루에 앉아

몸의 비늘을 모두 벗겨내고 목어 뱃속으로 들어갔다

비릿하게 흘러가는 것들 숨 잦도록 되새김질하면서

제 몸을 나누어서 창살이 되는 나무는 빛과 바람으로 세상을 넘나들고

제 속을 아프게 파내고 북이 되는 나무는

온몸으로 운다는 것을 알게 되었다

2

창호지 바른 산, 겨울 볕에 탱탱했다

새들은 고사목 껍질 속의 유충을 삼키며

나무의 흰 뼈에 부호를 쓰는지 텅텅 소리로 산문을 흔들고

목어의 몸을 빠져나온 나는

돌아올 발자국을 남기며 길을 걸었다

3

새들은 어떤 슬픔이 있어

죽은 나무의 잠을 깨우고 죽어도 죽지 않는 나무는 온몸으로 울음 쏟아내는가

나무의 몸을 빌려 집을 짓고 살았던 새들은
아직도 떠나지 못한 채
바람의 행로를 타면서
죽은 나무의 전언을 기다리고 있다

4
푸른 핏줄 불끈불끈 피 돌았던 나무의 몸속으로
먼 길을 떠난 새들도 다시 돌아올 수 있을까
해는 아직 산을 넘지 못했는데
고사목 흰 뼈에 음각하는 새의 부리와 깃털을 그만 보고 말았다
찔레 덤불에 붉은 핏방울 뚝뚝 떨어지도록
고사목의 마른 울음소리가 깊다

쓸쓸한 생

내가 밥을 먹는 동안, 가까이 있던 것들이 멀어져갔네

종아리를 스치던 미루나무 우듬지는 사다리를 놓고 올라가도 이제는 닿을 수 없는 허공
비에 적신 머리채를 흔들거나 제 키보다 더 긴 그림자를 들었다가 놓네

소꿉친구는 기차를 타고 떠났네
화사花蛇가 벗어놓은 흰 허물 펄럭거리는 자리마다
푸른 잎을 부르는 석산화 울음 끝이 붉었네

청어를 사러 간 아버지는 둥근 집으로 들어간 후
대문의 빗장을 여우 콩 줄기로 닫아걸었다네
해질 무렵이면 청어를 굽는지 산자락이 자욱하네

씨앗 터지듯 몸을 뚫고 나온 아이들마저 더는 내 팔을 베고 잠에 들지 않는다네

수저를 들었다 놓으면서 한 모금씩 마신 물이
가슴 가득히 차올랐는지

이마에는 물결무늬가 새겨졌네
접속하지 못하는 내 안의 나마저 낯선 내가 되어 저만큼 앉아 있네

내가 밥을 먹는 동안, 나와 가까이 있는 것들이 점점 멀어져 가네

새들은 왜 부리를 닫고 날아갔을까
—간덴사원 천장터

아직 어둠 채 가시지 않은
조캉사원 바코르광장
룽다를 건네는 사람들의 눈이 맑다
새벽빛 들어 올리는 라싸강
황금빛 그물 드리우고
낮은 곳으로 흘러가는 빛나는 말들을 걸러내고 있다
얼마나 많은 말들을 이 세상에 쏟아 놓았는지
오색빛 룽다, 실타래처럼 풀어졌다
백양나무 건너 유채꽃밭 뛰어넘어서니
굽이굽이 하늘로 올라가는 길이 보인다
멀리 보이는 히말라야 설산 너머
며칠 전 구름을 뚫고 날아가 버린 새의 그림자가 있다
간덴사원 천장터, 잿더미 속에서 찾아낸 사람의 뼈 몇 조각
남겨놓고 싶은 그 무엇이 있어서
새들은 부리를 닫고 날아갔을까
새의 몸을 빌려 하늘로 오르지 못한 뼛조각의 소리
천장터에 가득히 퍼지고
궁궁이꽃 지천으로 피어 날개 밀어준다
제 머리카락 뽑아 천장터에 던지며 코라를 도는
사람들의 가슴속으로

라마승의 기도문 소리 파고드는데
새들이 남겨놓은 사람의 뼛조각,
살아 있는 동안 마음속에 가둬두었던 말 풀어내는지
거센 바람이 불었다
풀꽃 피어 있는 언덕에 앉아 버스를 기다리는 동안
깃털 검은 새들이 하늘 높이 날고 있었다

꽃잠

문이 닫히는 바람의 저녁이 오기 전, 휘어진 회화나무와 마가목을 지나서 산사나무 그늘 밑으로 들어갔다 나오면 속을 비운 채 껍데기의 몸으로 백 년도 넘게 사는 귀룽나무 두 그루를 만날 수 있다 하나인 듯 밑동이 붙었지만 서로에게 그림자 드리우지 않고 햇빛 퍼지는 쪽으로 가지 내려놓고 있다

몸 휘어지도록 숨구멍이 있는 곳마다 흰 꽃 실었던 그들은 다른 나무보다 일찍 잎을 틔우고 너무 많은 꽃을 피운 탓에 허기져서 일찍 잎 내려놓는다고 한다 두 그루의 나무가 제 속엣것 모두 퍼내서 수많은 꽃망울 잉태하고 몸 밖으로 검은 열매 가득히 쏟아냈으니, 한철 휘어질 듯 꽃송이로 온몸을 덮는 꽃 피는 일이 생의 기쁨이었으니, 속이 텅 빈 등뼈만으로도 속 뿌리 엉긴 채 두 그루의 나무가 한 그루인 듯 살아가고 있음이랴

해질 무렵 궁궐의 문이 닫히고 담장을 넘어 들어온 달빛, 비어 있는 그들의 가슴으로 들어가는 밤이면 달빛 흘러내리지 않게 한 그루의 나무가 되어 꽃잠 든다, 달이 뜨는 밤이면 귀룽나무가 보이는 궁궐의 담장 안을 함부로 들여다봐서는 안 된다
문이 열리는 아침, 부스스 몸을 터는 귀룽나무 쪼개어지려는지 그늘의 자리가 짙다

1부

직립으로 눕다

직립으로 눕다

빗방울에 눌려 떨어져도 고요하다
소리 지르지 아니한다
입술 같은 꽃잎, 조금이라도 넓게 펴서
햇빛 녹신하게 빨아들여
몰약 같은 향기 절정일 때
바람에 날린다 해도 서럽지 않다
직립의 시간 허물어뜨리고
낮은 곳으로 내려와 눕는다
목단꽃 떨어져도 넓은 꽃잎 접지 않는다
꽃대에서 그대로 시들어
한 번도 날아보지 못한 꽃이어도 먼 곳까지 날았던
그림자의 기억이 있다
향기 환장하게 번져나는 꽃나무 아래 서서
꽃물 배이도록 젖어들다가
아, 나도 한 장의 꽃잎이 되어
네 꽃잎 위에 눕는다
포개어진 꽃잎 위로 스쳐가는
바람 부드럽다

와온臥溫

목적지를 정하지 않았으니
멈추는 곳이 와온臥溫이다
일방통행으로 걷는 길 바람만이 스쳐갈 뿐
오래전 낡은 옷을 벗어놓고 길을 떠났던 사람들의 곁을 지나서
해국 앞에서도 멈추지 못하고
세상의 모든 바람이 비단 실에 묶여서 휘청거리는
바람의 집으로 들어선다
눈가에 맺힌 눈물 읽으려고
나를 오래 바라봤던 사람이여
그 눈빛만으로도 눈부셨던 시간
실타래 속으로 밀어 넣는다
흔들리는 것은 바람만이 아니다
흘러가버린 시간의 날줄에 걸쳐 있는
비릿한 추억, 삼키면 울컥 심장이 울리는 떨림
엮어서 갈비뼈에 걸어 놓는다
휘발성의 사소한 상처는
꼭꼭 밟아서 날아가지 못하게 하고
너무 깊은 상처는 흩어지게 펼쳐 놓는다
소용돌이치는 바람의 집
네 가슴 한껏 열고 들어가서

뜨거운 기억 한 두릅에
그대로 엮이고 싶은 날이다

날카로운 황홀함

운주사 와불을 보려면
와불 옆에 있는 소나무의 마음을 알아야 합니다
낮은 산봉우리에 몸을 올려놓은
지는 해가 아니어도
와불의 등 뒤로 가만히 손을 넣은 소나무의 손이
왜 따스한지, 핏줄이 서도록
그 자리에 오래 서 있는지 여백을 읽을 줄 알아야 합니다
몸 위에 쏟아지는 햇볕 그대로 껴안고 가만히 누우면
흘러가는 시간의 말을 들을 수 있을 것 같았습니다
소나무의 손 위에 누워 눈을 감았습니다
치맛자락이 날리면서 제 그림자도 와불의 옷자락에 걸렸습니다
바람에 날리는 흩어지는 말보다도
마음속에 잠겨 있는 보이지 않는 법문이 듣고 싶었습니다
마음의 눈으로 들으라고 했습니다
사람들의 발자국 무늬 겹겹이 쌓여 탑이 되고
나무와 새들의 소리는 물 흘러가는 소리 같았습니다
어느 해 씨앗이었나
땅속에서 침묵하는 수많은, 살아 있음의 소리가 들렸습니다
한순간의 날카로운 황홀함을 마음의 책장에 새겼습니다

2부 · · · 물고기 방

솟을연꽃살문

소금쟁이 올려놓은 그의, 몸 가운데 마음 내려놓고
가만히 다가가는 개구리밥
둥글게 퍼지는 무늬 중심으로 들어가 보니
잎 넓은 연잎이 쏟아내는
눈물이었다
굳게 잠가두었던 연못의 꽃문 조금씩 열고 있다
바람의 치맛자락
그의 가슴에 걸렸는지
제 몸을 둘둘 말아서 함께 뒹굴며
가슴 뚫고 뿌리 내린 독새기풀과 왕골의 곧은 몸까지 모두 받아들인다
제 속에 품고 있는 것이 너무 많아서
흔들리고 흔들리는
물의 몸,
가만히 덮어주던 연잎
제 마음인 듯 쑤욱 꽃대 올려놓더니 봉긋거린다
솟을연꽃살문 열렸다

깊고 두꺼운 고요

고요의 깊이가 너무 두꺼워서
오래 가라앉아 있었다
그대의 숨결 같은 바람 하느작거리며
감또개 몇 개 발밑에 떨어뜨려 놓고 새들의 목젖을 만지작거리는지
놀란 목어 흠칫거린다
저만치의 거리에 앉아있는 사람, 수묵화를 그리고 있다
그가 그리는 저, 오래된 나무의
부드러운 몸짓
그림 속에서도 흔들거린다
그는 나무를 그리고 나는 마음의 붓으로 먹빛 문장을 그렸다
낯선 그와 나 사이의 행간을 뛰어넘으며
보이는 것과 보이지 않는
경계에서 바람마저 맥을 놓았다
한 그루의 나무가 화선지 속으로 온전히 들어갔을 때쯤
내 마음속의 나무도 뿌리를 깊게 내렸다
깊고 두꺼운 고요 쪼개어서
잘 익은 부도탑 몸빛 덧칠하며 날아가는 나비 그림자, 그대인 듯
가슴으로 받아냈다

서어나무 곁을 지나고 늙은 굴참나무를 지나서
일주문을 빠져나오던 나의 몸이 마치 허물을 벗는 것처럼
뭉클하니 맑아졌다

나무는, 새는

차르르르 키질하듯 새 떼 날려보내는 버드나무
수십 마리 쏟아내고 난 후
바르르 몸을 떨다가
새들의 발자국 가지런히 정리하는지
한참이나 뒤척거렸다
강아지풀 옆에 앉아서 사과 한 개를 다 먹을 때까지
제 속에 품어놓은 새들을 몇 차례 더 날려보냈다
파라라라락 새들은 날아가고
새가 앉았던 자리마다 듬성듬성 생긴 구멍
초가을 볕 날쌔게 꿰차고 앉아 있어서
차마 바라볼 수 없었다
가슴을 열어놓고
품었거나, 날려보냈거나
새들의 징검다리가 되었거나
흔들거리며 제자리에 서 있는 저, 나무의 탄력성
나뭇가지 튕겨서
새들을 쏟아낼 때마다
마른 새똥 떼어내듯 나뭇잎 흩날렸다
새들을 품을 때는
오롯이 나뭇잎으로 덮었다

나무는, 새는
한몸이었다가
남남이었다가
새들은 허공에 길을 그리고
나무는 제 몸 그림자로 지상에 길을 그리고

나는 오래전 그대가 걸었던 길을 걸었다

이끼

그만큼의 거리였으면 좋겠다고 했다
어디여도 몸 내려놓을 자리 있었다
눈에 보이는 것이 전부는 아니지
가장 가벼운 몸으로 골짜기 그 너머까지
썩은 나무의 등걸을 지나 동굴 속까지
너른 바위 안쪽까지
철퍽철퍽 미끄러지는 물 잔등이어도
마른 입술 툭툭 터지도록 긴 가뭄이어도
몸 깊숙이 남겨놓은 자리가 있어
후드득 지나가는 빗방울 몇 개만 있어도
순식간에 그대 곁으로 달려간다, 달려간다
아주 짧은,
단 한 번의 부딪침만으로도 너른 바위를 덮고
계곡을 덮고
고인돌까지 덮을 만큼
지독하게 간절한
무엇이 있어

산성의 부드러운 내면을 들여다보며
달의 뒤편이 궁금해진다

욱신거리는

탯줄 잘라낸 자리 흔적도 없이 사라지고

마음 내려놓은 꽃 진 자리마다

모과 매달려 배냇짓한다

봄볕 짓이기던 황사 바람

속 후벼낸 기억들

실핏줄 타고 몸을 뚫고 나가는지

뼛속이 시리고

통꽃 속으로 들어가 나오지 않는 바람처럼

굵은 뼈마디 마디 똬리 틀고 들어앉아 몸 불리는

꽃의 자국들

욱신거리는

견고한 슬픔 2

–폐염전에서

갯바람이 차다
가슴으로 들어간 바람 등뼈 뚫고 달아나는 폐허를 보고 싶었다
온몸이 가시로 덮여 만져볼 수 없는
해당화 지고, 붉은 씨방 농익어 부활을 꿈꾼다
하루에 두 번씩 옷을 벗는 여자,
소금꽃 버금버금 너무 많이 쏟아내고 말았나
더이상 잉태할 수 없음에 흰 뼈마저 허물어지고
칼바람 불어와 뼛속을 후빈다
수문은 닫히고
뜨거운 햇볕이 닿아도 꽃 피워낼 수 없는
그녀의 몸,
문자나 어떤 기호도 남겨놓지 못하고
제 몸에 새겨져 있는 소금꽃 뿌리 찾고 있다
절여진 슬픔은 묽어지지 않는다
슬픔이 깊어지면 모든 생각이 수평으로 흘러가고
그리움도 깊어지면 어느 순간부터 고요해지는 것
수문이 닫힌 갯벌
살아서 꿈틀대는 몸을 가진 것들
뻘 속으로 들어간 후 다시 나오지 않았다
함초마저 식물 표본이 되어버렸다

바람 불어와
그녀의 가슴을 핥고
갈대밭 들쑤셔놓아도
그녀는 더이상 옷을 입을 수 없다
벗어놓은 옷, 닫힌 水門에 걸려있다

잊혀진 사벌국

생강나무꽃 향기 으깨어져서 길을 막는다 찔레 무더기 옷깃을 잡아당기며 쉬었다 가라고 한다 한 번도 닿은 적 없는 잊혀진 사벌국으로 가는 병풍산성 길, 몸 펼쳐서 길을 들어 올리고 있는 늙은 조선 버드나무 제 몸속에 깊은 우물을 파놓고 기다리고 있다

버드나무의 자궁으로 들어가 앉으니 꿈결인 듯 노루 한 마리 저만치 달아나고 도굴꾼이 파헤쳐 놓은 여러 기의 고분 근처 그대의 지문이 묻은 그릇 조각과 항아리 조각 제 모습 드러낸다 몇 개 떨어져 있는 꿩의 깃털은 매의 발톱 흔적이니 아직도 이곳은 사벌국의 시대 그보다 더 아득한 시간으로 되돌려놓고 누군가 시간의 그물에 걸리기를 기다리고 있는 것이다

깨어진 기왓장이 아니어도 포개어진 흔적에 걸려서 햇빛 기울어지는 고분으로 들어갔다 무너진 석벽의 틈으로 새어나오는 바람의 출처는 어디이고 누군가 있었던 흔적 하나 없는 것은 왜 그렇게 서러운지 고분의 천정 뚫린 구멍으로 보이는 낙동강이 아득하다

보이는 듯 보이지 않게 지층 속으로 가라앉은 사벌국, 오랜

시간 멈추지 않고 부는 바람 앞에 병풍 산성 길 켜켜이 드러나고 있다

바람도 시간도 모두 강물 속으로 들어가 얼굴 내밀지 않는다, 고요하게 흘러갈 뿐이다

물고기 방

아가미 열어젖히고 눈꺼풀 안쪽으로
깊숙이 들어가서 척추 아래 가만히 눕는다
은빛 비늘 겹겹이 덮여 있는 지붕 너머
한 번도 가보지 못한 길이 있어
처마 밑 배지느러미 흔들어 구부러진 길 펴 놓는다
사막의 등고선 같은 물고기 방에서는
비릿하지 않은 모래바람 냄새가 난다
애초에 바다였을 사막의 달빛은 푸르고 맨발은 늘 시리다
이슬 쪽으로 기울어 가시가 단단해진 낙타 풀,
아무에게도 상처를 주지 않는다
바다를 건너온 물고기는
간결하게 모래 속에 꼬리를 박고 하늘 쪽으로 창문을 냈다
빛 그늘진, 바람모서리 둥근 사막에서
잔가시, 창의 뼈가 되어 바람을 가르는
물고기 방 아랫목 부레 근처에 자리를 튼다

붉은 그늘

동박새가 동박새를 부르는 소리는 붉다
소란스러운 동백 숲, 가만히 있지 못하겠다
황홀한 제 몸 열어서 동박새의 부리를 담는
동백, 상처 난 자리에
붉은 혀를 대어보니
달큰하고 끈적거리는 심장의 맛 가슴을 할퀸다
잉잉거리는 꿀벌들의 소리 폐 깊숙이 파고드는
무위사 동백 숲, 붉은 그늘이 너무 무거워 빠져나갈 수 없다
발에 밟히는 동백꽃 향기에 미끄러져서 그만, 붉은 꽃 자리에 주저앉고 말았다
내 몸 가득 꽃이 피었는지
동박새 긴 부리를 내 몸에 대고 쪼아대기 시작했다, 수없이 많은 꿀벌들
음모를 꾸미고 있다
아직 갈 길이 먼데 몸에 붙은 꽃 너무 붉다

극락보전 뒤 동백 숲 동박새 소리, 풍경 흔들어대며 붉은 그늘 끌고 온다

폐허는 사라지지 않는다

그때, 붉은 바람이 어디서 불어왔는지
바람결에 몸을 맡긴 수많은 사람들 모두 붉은 마을로 갔다
춤을 추는 바람은
수백 년 동안 그 자리에 서 있었던
민흘림기둥의 섬세한 무늬까지 모두 읽고 난 후
기왓장 안쪽 어골무늬 어디쯤 그대의 손금이
묻어있는 내밀한 곳까지 붉은 물을 들여놓은 후
그 자리에서 무너졌다, 붉음도 너무 깊으면 검은 빛이 된다
울음 스며들어 그을음 가득한 보광전 아래 계단의 연꽃문양
시들지 않는 꽃잎 아직도 선명하고
키 큰 석등이 있던 자리 그 불빛 아직도 환하게 비추는 듯하다
폐허는 사라지지 않는다
그의 심장 근처쯤 다가갔을 때
흰뺨검둥오리 한 쌍 물소리를 내며 발 아래쪽으로 날아갔다
맑은 양수 봄볕 받아서 눈부셨다
수만 권의 책으로 다 설명할 수 없는
붉은 마을로 사라져간 사람들의 말이 회랑을 돌아서 흘러 다니고
몸 가장 깊은 곳에 아직도 살아있는 우물 하나 품고
아무도 없는 폐사지에 심장소리 쿵쿵 울린다

장엄한 꽃을 피워 올리는 집이었던 기억이
깊게 암각 되어있는 건물의 기단과 초석
여기 저기 흩어져서 폐허의 몸속으로 핏줄처럼 깊이 들어가 있다
산벚꽃 꽃잎 부도탑에 내려앉아
처연하게 마르는 봄날,
오래 앉아있으니 그대가 꽃잎에 새겨놓은 붉은 마을이 보였다
꽃잎 내려놓고 길 떠나는 바람의 깃을 잡고
붉은 마을로 들어가는 길로 들어섰다

누란 왕국

한 모금의 물이 울컥, 목에 걸리는
비단 길 위의 집
촘촘하게 짜놓은 카펫 풀어서 비단실 하나 끌고 갔다네
땅속 깊이 파놓은 우물 속으로 들어가
물이 흘러오는 쪽으로 자꾸만 걸어가면, 그대가
살았던 흔적 찾을 수 있을 것 같았네

달 밝은 밤
그림자 내려놓는 여우의 울음소리로
사막을 두드려서
길을 잃은 사람들의 마음 끌어당기는 시간
사라져버린 누란 왕국을 찾아서 떠났다네
그림자마저 버석거리는
붉은 흙이 타는 투루판 어디쯤
비밀스러운 방 하나 찾아서 들어가고 싶었네

몇백 년의 시간으로도 다 채울 수 없었던 빈 우물에
물이 넘쳐 흐르고
잠들어 있던 사람들 깨어나서
닫힌 성문을 열어 비단실 내 몸에 감아줄 때

서가에 꽂힌 책 속에서는
껍질을 벗겨 낸 맑은 말이 흘러 다니고 있었네

포도 넝쿨 아래
가슴속의 사소한 것들 펼쳐놓으면
어디선가 나를 바라보는, 나의 누추한 삶마저 가만히 안아주는
마음의 자리 있을 것 같았네

침전

네가 붉은 이유를 이제야 알게 되었다
갯바닥에 머리 박고 울부짖는 노을 때문만은
아니었으리라
거품 몰고 달려드는 밀물
온통 붉음, 범벅일 때
한 장의 꽃잎마저 함부로 내려놓을 수 없어서
가만가만 몸 쓰다듬으며 가라앉는 동백꽃
한 송이 한 송이 내려앉을 때마다
붉은 꽃 섬 하나씩 생겨났던 것을
그 시간 어디에선가 초경을 맞은 아이 하나
토방에 앉아 눈물 흘리며
제 몸에 붉은 집 한 채 짓고 있을지도 모르지
안테나를 세워 세상의 말을 듣는 왕새우
굽은 등 펴지 않고 둥글게 몸 말고 있는 것은
둥근 해 닮아 그런 것이리니
햇볕 담금질하여 그 빛 몸 안으로
너무 많이 들였나
뜨거운 물속으로 들어가더니
둥근 섬이 되어 둥둥 떠오른다
솥 안이 온통 붉은 섬으로 가득하다

3부

바람의 발자국

바람의 꽃

더는 무너질 것 없을 때
가장 낮은 자세로 엎드렸다
바람을 부르는 폐허는, 그 바람의 잔해로 가득하다
바람의 끝은
그을음 가득한
지붕돌의 부서진 연잎 근처였으리라
불꽃으로 새겨놓은 시간의 흔적
슬픔의 농도만큼
서서히 지층 속으로 가라앉는다, 그 울림은 깊다
바람이 남겨놓고 간 시간의 잔뼈
제 몸속으로 스며들어 가득 차올라서
목울대 울릴 때
엷은 꽃잎 꽃대도 없이
그대 눈썹 그림자 어른거리듯 피어난다
폐허에서 피어나는 꽃은 지지 않는다
상처에 뿌리를 내리는, 천 년 동안 피어나는
돌꽃은, 바람의
흔적이다
바람의 꽃이다

오래된 나무가 있는 풍경

꽃송이 솟아있는 꽃살문을 가만히 들여다보면
나무의 생이 보인다
시들지 않는 꽃으로 피어나서
꽃잎 낱장마다 오래된 시간의 향기가 기억되어 있다

우리의 생보다 더 오래, 몇백 년 동안
고마리꽃 쏟아지는 개울물까지 뿌리 뻗어서
잎맥마다 서늘하게 마음 두었을 것이므로,
저 꽃살문 속에서는 지금도 한 그루의 나무가 숨 쉬고 있는 것이다

빛도 뚫지 못하는 꽃잎, 향기 그윽하다
문 이쪽과 저쪽
수수만년 동안 닿지 못하는 경계 너머에 너는 있고
그만큼의 거리에서 나는 울고 있다

꽃잎 흔들리도록 문을 열어도 닿을 수 없다
어서 오라고
어서 와서 눈물 닦아내라고
그대가 심어놓은 매화 한 그루, 늦가을에 꽃 벌창이다

탁본

천장에 걸어놓은 종이 등,
물고기 풍경이 매달려 있다
한쪽 벽면에 제 모양의 그림자를 그려놓고
천천히 흔들거리며 탁본을 뜬다
산사 처마 끝 풍경은 얼마나 맑은 소리 뽑어내고 있을까
제 몸 걸려 있는 곳이면 그곳이 어디여도
사람의 마음 끌어당겨 지느러미 위에 걸쳐 놓는다
목적지도 없이 무작정 길을 나서야 했던
습한 마음 헤아려주는 물고기 풍경
등뼈 내리치는 불빛 아래 앉아서
내 몸도 탁본을 뜬다
몸 열어서 무언가 내밀하게 섞을 수 없었던
완강하게 서 있는 벽
이제 적막하지 않다
탁본 속에서 빠져나온 물고기
지느러미 흔들거리며 떠다닌다
물고기 풍경이 있는 찻집,
천장까지 바닷물 찰랑거린다
젖은 옷자락이 달라붙어서 마음마저 젖어든다

청동거울의 기억

탑 너머 어딘가에 있는 그대에게 닿으려고
청동거울 속에서 꺼낸 목단 꽃잎 가슴에 붙이고
새벽 길 떠났다
붉게 물든 단풍나무 옆에 오래된 탑이 있었다
청동거울 속으로 탑 그림자를 전송하는 동안
출처를 알 수 없는 바람이 불어 와서 나뭇잎 흩날렸고
늦가을 장미 더 붉어졌다
꽃잎 한 장 한 장 떼어 장미 한 송이의 즙을 먹었다
향기로움의 맛은 얼마나 독한 것인지
그대인 듯 바라보는 오래된 탑에서 장미의 향기가 났다
나뭇가지에 긁힌 달의 근처 폐사지
산수유나무 신맛 다시며 붉게 휘어지는데
먼 산 쓸고 내려온 어둠, 풍경 덮으며 산문을 나서라고 한다
탑 그림자가 있는 거울 속으로 들어가라고 한다

어디가 출구인지 알 수 없는 폐사지에서
청동거울 뒷면의 덩굴무늬
장미의 독이 오른 몸을 휘감더니
탑 그림자가 있는 거울 속으로
끌어당겼다

검붉은 장미의 즙이 내 몸에서 뚝뚝 떨어졌다

깊은 잠
–경주 남산 마애불상*

솔방울 빠져나온 씨앗
지상의 말 퍼트리며 날개 파닥거려 먼 여행 떠날 때
소나무 가는 잎에 걸려 그림자 내려놓은 적 있다
그대와 마주 보며 서 있었던 날을 기억한다
그때 우리 머리 위에 쏟아졌던 햇빛이라든가, 바람이라든가
봄날, 때죽나무 꽃 지고
씁쓰름한 열매즙에 기절한 물고기 떼 강물에 떠내려갈 때도
바람 부는 쪽으로 몸 기울여 바람의 말을 들었다
어느 날 여진이 밀려와
무릎 꿇고 말았던 그때,
그대 발등 위에 내려앉아 유적이 되어갔던 꽃잎을 기억한다
모든 것이 끝났다고 생각할 때가 시작이었다
제비꽃 꽃술에 이마를 대고
지층으로 흘러 다니는 세상의 말, 두 눈 꼭 감고 들었다
건널 수 없는 강을 건너는 뿌리와 뿌리로 엉켜 있는
지층 속의 말들은 간결했다
민들레 뿌리, 쇠비름 뿌리
해마다 내 몸에 기대어 흔적 없이 사라져갔지만
그들의 말을 모두 다 기억하고 있다
그대 앞에 엎드려 바라보았던 것, 두 귀로 들었던 것

스치고 지나갔던 말발굽 소리와
창 부딪치는 소리,
시위를 떠나 날아가던 화살까지
모두 내 안으로 들어와 경전이 되었다
내 몸 위로 지나간 시간의 뿌리가 있다, 꽃들의
자국이 있다
이제 잠에서 깨어나 천 년의 시간이 지나가는 동안
내 몸 안에 스며든 기억의 뿌리, 그대 앞에
펼쳐놓으려 한다

몸 일으켜 바라본 세상, 여전히 눈부시다

* 2007년 5월말 경주 남산 열암곡列岩谷에서 발견됨. 발견 당시에는 불상을 조각한 면이 땅에 파묻혀 그 윤곽 정도만 희미하게 드러났었다.

바람의 궁전*

눈부신 빛의 굴절을 절단하며 걸어가는
낙타의 눈이 젖어있다
짐수레 가득 통나무를 싣고 신호등 불빛을 좇아
앞으로 나아가고 있다
누구의 아궁이 속에 저 불길을 밀어 넣을 것인가
나무 하나 높이 세워 깃발을 달고
모래 바람의 행적을 낱낱이 세상에 알릴 것인가
바람에 이끌려온 분홍빛 도시,
엉켜있는 전깃줄에 새의 깃털이 걸려있다
해독할 수 없는 상형문자가 긴 목에 낙인처럼 찍혀 있는
낙타의 등에서 비단 길이 너울거린다
오래전에 열려 있었던 문을 지나서
기억의 문자를 켜켜이 남겨놓고
바람을 몰고 왔던 길보다 더 먼 곳을 바라보며 걸어간다
반나절만큼 기울어져 있는 햇빛이 창문에서 폭탄처럼 터진다
바람의 궁전에 남아있는 것은 오직 바람뿐이다
부서진 시간의 잔해와
창 너머 건너가지 못할 세상을 바라보던
부화하지 못하는 꽃씨와
낙타의 눈물까지도 모두 바람으로 떠돌고 있다

남겨진 것들은 언제나 보듬어지지 않는 바람을 안고 산다
제 가슴을 뚫고 지나갔던, 지워지지 않는 바람의 흔적을
기억하고 있기 때문이다

* 바람의 궁전(하와마할) : 인도 자이푸르에 있는 궁전. 궁전의 부녀자들이 시가지에서 벌어지는 축제나 행진을 지켜볼 때 이용했음.

저물 무렵

이제 막 초록으로 번져
수묵담채화 같은 풍경 속으로 들어갔다
저수지 물결 잠시 흔들리더니 재두루미 낮게 날아서
둑 너머로 날아갔다
재두루미가 떨어뜨리고 간 깃털 하나
내게로 와 몸에 붙었는지
견딜 수 없을 만큼 가벼워지며
파문이 일듯 가슴 언저리가 저렸다
빛과 어둠이 섞이는 시간
눈앞에 펼쳐지는 풍경이 꿈결 같아서
나는 깃털 떼어내지도 못하고
아주 잠시
하늘을 날았던 것 같기도 하고
새집을 지었던 것 같기도 하고
저수지 밑바닥까지 들어가
물풀 몇 개 뜯어
하늘 높이 치솟았던 것 같기도 하고

저물 무렵,
내 안에 가라앉은 존재의 아름다움이여

수위 낮은 저수지
물결무늬에 갇혀 빠져나올 수 없다 해도 좋겠다

덧무늬 토기

빗금 그어진 틈새로
씨앗이 뿌리내려 발아하는 데
얼마나 긴 시간이 필요한 것인가
쉽게 닫아걸지 못하는 나의 방문처럼
우리의 생 또한, 저렇듯 엷은 틈이 있어 어긋나지 않고
고요하게 흘러가는 것 아닌가
새끼별 거느리고 어둠 베어 먹는 달밤이어도
틈으로 새어드는 빛이 있어
해독하지 못하는 그때 그 순간의 풍경이 있을 것이고
네 안에 담고 있는 안개의 무게라든가, 향기의 무게
모두 가늠할 수 있는 것 아닌가
무엇인가 오래 머물고 있어서
항아리 안쪽을 물들이는
푸른 이끼의 길을 더듬어보면
신석기 시대의 풍경이 쏟아져 나와
토기 밑바닥에 찍혀있는 나뭇잎 편지 해독할 수 있으련만
넓은 잎 펼 수 있다고
깨금발 들고 말을 걸어보지만
늘 그런 날인 것처럼
진흙 띠 눌러 붙인 덧무늬 틈새로

바람만 쏟아낸다
너의 가슴 어딘가에 묻어둔 씨앗 품어
내 안에서 꽃으로 피어날 수 있다면
그 바람까지 다 받아낼 수 있을까
너의 마음을 읽을 수 있을까

검은꼬리사막딱새*

어떤 새의 부리에 물려있는
꽃잎 낱장이
눈을 멀게 했을까
바람의 칼날에 베어진 사막의 능고선에 엎드려
달빛 찌르는 별빛 움켜쥐고
사막을 벗어났다
너무 깊이 할퀴어 짜 맞출 수 없는
어지러운 구름의 집
사선으로 떨어지는 빗줄기 묶어서 세워놓고
파문 중심에 섰다
달디 단 꽃 즙 같은 말
사랑한다,
사랑한다, 들이키며
더 깊이 빠져들고 싶다고
청동기시대 암각화 속으로 들어가
과거의 시간 속에서 부유하는 길을 찾았다
푸르르
푸르르
암호처럼 들리는 날갯짓 소리
목구멍에 걸려 퍼득거린다

바람을 일으키는 것은 새의 날갯짓인 것을,
깃털 자국 선명한 하늘 한쪽 기울어져서 부서진 별 조각
심장을 덮쳤다
지구 저편에서 떨어진 별들 아직도 뜨겁다

* 2008년 1월 국내 처음으로 경북 포항에서 발견했다. 사하라사막 혹은 몽골에서 살다가 이동하던 중 무리에서 떨어져 길을 잃고 한반도로 온 것으로 추정된다고 한다. 포항시에는 영일 칠포리 암각화가 있다.

도리사 석탑

빛이 없다고 생각하는 것들은
빛보다 더 깊은 그림자를 제 안에 담고 있다
햇빛 싸안고 그 빛 부셔대며
몸의 무늬를 펴 가는 오래된 탑
조금씩 벌어진 틈으로 바람이 새어 들어갔다
그때 어떤 말들이 함께 쓸려 들어갔는지
바람이 거세게 불 때마다 심하게 흔들리는 것이었다
용마루 타고 미끄러져 내린 시간 처마 끝에 닿아
빛깔 무너진 단청에 울컥 걸렸을 때
천육백 년 된 사원보다 더 오래된,
나무의 결 그대로 드러난 저 주심포의 말을 어떻게 읽을 수 있을까
서 있는 것이 아니라
서로 엉기고 기대어 제 몸에 스며든 그림자까지 모두
굽이쳐 흐르는 나뭇결 하나하나가
바람으로 익어간다는 것을 아는지
탑 그림자는 사원으로 들어가 있고 나무 그림자는
조금씩 무너져 내리는 탑을 가만히 감싸 안고 있었다
아무것도 저 홀로인 것은 없다
기대고 기대어

스미고 스미어 익어가는 것이다
내 몸이 탑 그림자 속으로 들어갈 때
조금씩 어두워지고 있었고 바람은 더 거세게 불었다
지는 해에 물든 황금빛 이파리
물고기 떼처럼 기왓장 틈으로 스며들고
내 그림자까지 탑 그림자에 섞여서
모든 것이 한 물결이 되어 흘러갔다

깃털에 기대다
―누란의 미녀 미라

빛이 들지 않는 깊고 푸른 무덤 속에 그녀가 있었다
4천 년 세월을 풀어놓았던 것은
촘촘하게 잘 짜인 그녀의 털옷이었으니
아직도 뜨개바늘 만지던 손길 묻어나
지나간 시간이 실 끝을 따라 흘러나오고 있다
그녀의 머리카락은 여전히 빛을 잃지 않고
가느다란 손가락 또한 섬세한 지문의 흔적이 그대로이니
발등을 감싸고 있는 가죽신 풀어
발바닥에 찍혀있는 길의 흔적 따라가
그녀 옆에 누워 사랑을 본다
그녀의 얼굴 위에 입술을 대어본다
바람도 햇볕에 녹아내리는 사막 한가운데
바람이 앉았다 떠나버린 누란 왕국, 문 닫힌
성벽에 기대어 옷자락 여미고 은은하게 웃는다
몇천 년의 세월도 사랑 앞에서는 아무것도 아니었거늘
사랑의 증표로 머리에 꽂아준 깃털에 깃든 마음이
그대로 전해진 것일까
유리벽 안에 갇혀 있어도 그녀는 웃는다
사랑 앞에서는 그 무엇도 적이 될 수 없다
모래 바람도 햇볕도 무기가 되지 못한다

어떤 말이 하고 싶어 지금까지 웃음 멈추지 않고 있는 것일까
누란의 미녀 미라, 사랑의 증표 깃털에 기대어
사랑에 대해서 다시 쓰려 한다, 사랑이란
처음인 듯,
마지막인 듯, 그렇게
시간도 뛰어넘는 것

* 누란의 미녀 미라 : 우루무치 신강성 박물관에 있는 나이 40세 키 160cm 혈액형 O형의 지금도 웃고 있는 미녀 미라.

파문

물길 솟는 우물 밑바닥
너무 깊은 곳까지 두레박 던져
물이끼 흔들며 퍼 올린 물
마실 수 없다

중심까지 파고드는 일
얼마나 위험한 일인가

바다 밑에서 퍼져 올라오는
바랜 빛깔
푸른 기억으로 남는 것은
언제나 스치듯 지나가는 풍경이었듯이
어쩌면 눈에 보이는 가까운 곳이
가장 깊은 중심일지도 모르는 일

가만히 퍼 올린 우물물,
너의 눈빛처럼
서늘하다

바람의 발자국

키 큰 느티나무의 몸속으로 걸어 들어가는 바람을 보았다
나뭇잎의 낱장마다 속속들이
소소속 바람이 박히는 소리, 그 소리
나무의 몸속으로 들어가 나이테의 행간을 휘돌아서
쏴 와와와
한꺼번에 빠져나갔다
우수수 떨어져 내리는 바람의 신발
한 짝 두 짝 주워서 손바닥에 올려놓았다
지문처럼 번져 있는 바람의 무늬 손금 닮았다
느티나무의 몸속에 남아있는 바람, 잎 젖혀가며 내게로 와서
발자국을 찍어대고
나는 기왓장 틈 아슬아슬하게 꽃을 피운 씀바귀처럼
절집 마당에 오래 앉아
발자국에 고이는 바람의 말을 읽었다
무언가 간절히 그리워지는 해질 무렵,
몸과 마음을 열어놓으니
몸을 뚫고 들어오는 바람
그대 마음인 듯 따뜻해서
흩어져 있는 바람의 발자국 가만가만 만지며 산길 걸었다
내 몸 스치는 곳마다
숲 떨림의 소리 가득했다

두레박

노을 진저리쳐지게 붉다
가창오리 떼,
갈대꽃으로 칭칭 동여맨 천수만 물의 끝을 붙잡고
하늘로 오르고 있다
하늘 높이 퍼 올리다가 기우뚱, 붉은 물
논바닥에 쏟아버렸다
온통 붉디붉다
세상의 모든 경계가 지워지고 같은 빛깔이 되었다
노랑부리저어새 뜯어진 물결 위에 부리를 대고
미처 퍼 올리지 못한 물의 뼈를 솎아내고 있다
천수만 물을 퍼 올리는 가창오리 떼,
세상에서 가장 큰 두레박이다

4부

붉은 달에 관한 기억

위험한 퍼즐
—해바라기

소금쟁이 다리에 찔린 물의 껍질 찢어지지 않게
여뀌꽃 핀 자리마다 칡잎 펼쳐 씨앗 받고 있었다
떠나가는 그대 뒷모습 바라보면서
그만큼이어도 좋겠다고 그물 뒤집어쓰고 고개 숙였다, 뒤돌아보지 않았다
그물에 걸리는 것은
꽃가루 쓸어내는 바람 굴려서 만든 솟을금강저꽃살문
한 개라도 흐트러지면 모두 무너지고 말, 위험한 퍼즐이었다
고흐의 그림으로 들어가서
미술관 벽에 걸릴 때마다 쏟아내고 싶은 것이 있었다
몸 닳도록 바라보고 있어도
붉은 마음 내려놓고 자꾸만 멀어져가는 그대, 몸 안에 들이고 말았다
함께 무너지자고 발등 덮을 만큼 그렇게 많이 너를 쏟아내고 나니
허리가 꺾이고 빈 그물만 온몸을 덮고 있었다
뜯겨나간 꽃살문 뭉근한 자국마다
자욱이 배어 있는 퍼즐 무늬
억새꽃 붉어지도록 문질러도 지워지지 않는 너의 체취

나무의 원적

강물을 몸에 들이고 사는 나무는
해질 무렵이면 강물 쪽으로 누워서 물베개를 베고
물이 섞이는 소리를 듣는다
소리를 듣고
빛의 결을 읽으면서 나이테를 늘리는 나무의 가계를 들여다
보면
나무의 원적을 찾아낼 수 있다, 나무 아래 앉아서
풀잎 엮는 그대가 보인다

트라이아스기를 거쳐 공룡이 사라졌던 백악기를 지나
250만 년 전 신생대, 그대 발자국 찍힐 때까지
짐승의 포효보다 더 깊게 스며든
돌도끼에 묻은 사용흔적의 연대기는
움집 너머 강물 위에 물비늘 붙여서
날갯짓하듯 출렁거리게 하는 바람이 다스리는 제국이었으리
사냥을 다녀오는 슬기슬기 사람이 어깨에 멘
죽은 짐승의 숨만큼이나 간절하게 부는 바람은
지금도 물비늘 얹으며 강물 속에서 돌칼 갈고 있다
나무뿌리가 닿는 어디쯤
그대의 흔적이 있다

해질 무렵,
공주 석장리 구석기유적지 움집 근처
키 큰 나무 심하게 흔들고 가는 바람 있다

마애불 옷자락에 숨어들겠다

붉나무 잎이 돋기 전에 그 산에 들어가고 말았다

다릅나무 가지를 제치고
마애불*을 만나러 올라가다가
산 중턱에 멈춰 서 있는 물푸레나무 한 그루
제 속을 비우고 빈 가지로 그물을 만들고 있다

허공에 던져놓은 나무 그물에 걸린
오후의 햇살이 눈에 부시다

나뭇가지에 붙어 있는 비늘을
한 장씩 떼어 몸에 붙이고, 하늘, 하늘 속에서
지느러미 흔들며 걸어 나온 북방검은머리 쑥새 한 마리
무너져 내리는 성벽 먼 곳에 두고
물푸레나무에 입을 맞추며 봄을 재촉하고 있다

물푸레나무는 왜 산으로 올라갔을까

저기 저,
마애불의 넓은 품에 가지를 내밀면

금방이라도 안길 수 있을 텐데
그러나 그런 것이 아니었나 보다
그리운 것은 그렇게 늘 멀리 있어
산 중턱에 뿌리를 내리고

다릅나무 잎 돋아, 푸른 그늘 드리울 때
물푸레나무 한 그루 꽃 부풀려서
하늘 속으로 첨벙첨벙 걸어 들어가
햇볕에 바짝 마른 낮달, 부서지지 않게
조심히, 마애불 옷자락에 숨어들겠다

*월악산 덕주사의 마애불.

채석강, 그 이면에

선캄브리아대
화강암 편마암을 기저층으로 한
백악기 지층이라 했네, 부서지는
화석의 물결도
켜켜이 쌓여 있는 서책 무늬도 모두
칠천만 년 전의 숨결이라 했네
펼쳐진 지층에 붙어
문자를 해독하고 있는 우렁쉥이나
읽을 수 없는 문장 위에 푸른 물들이며
바다를 불러 모으는 파래나
모두
새의 날갯짓에 걸려온 바람으로
버무려질 수 있는 것이니
하늘에 그어진 길 지우고 내려와서
이제 지층 속 길을 찾아
부리를 흔들고, 눈빛을 쏘고 있는 것인가
뭍에 오르기 위해
제 몸 부서트리며 일어서는 바다의 눈물과
남아있는 것들의 속내를 읽어내는 것이 바람이라면
내게 부쳐온 편지의 문장 속에도

중생대 바람으로 떠도는 그때의 말들이 들어있겠네
서책 사이에서 밀려나온 둥근 돌 위에 앉아
그대의 편지를 읽고 있으려니
지층 속에서 길을 찾은 새, 깃털 부수며 날아오르네
순간,
백악기의 용암이 내 몸을 훑고 지나가네
흘러가네, 흘러가네
또 하나의 지층이 흘러가네

실크로드

신당동 집 아래층 양복공장
실크로드에서 카펫을 짜던 사람이 있다
새벽부터 시작되는 재봉틀 소리
사막으로 돌아갈 길의 지도를 그리고 있다

안개 걷히지 않은 새벽 여섯 시
낙타를 타고 먼길 떠나는 사람의
손끝 아린 비단 실
씨실 날실 그가 걸어갈 길의 무늬를 그린다
온종일 걸어도 끝이 보이지 않던 길
돌아보면 발자국은 바람에 지워져 있었다
밤새 짜던 카펫 속 길,
모퉁이에 앉아 마시는 박하차처럼
마음 끝에 걸리는 알싸한 실타래는
다음 날 새벽이 오도록 멈추지 않는다
길을 벗어나지 못했다

재봉틀 소리를 타고 실크로드를 걷는다
샹그릴라는 멀지 않다

물컹한 슬픔 1

청보라 물감 터트려서
히말라야시다 나무 허물어뜨리는 나팔꽃 잠시 쉬는 사이
한여름 햇빛에 찔려 떨어진 제라늄 꽃잎
부스스 눈 비벼대며 마지막 빛을 발한다

어느 곳에서도 꽃이 피어있는 자리는 늘 빛이 나지만
목젖까지 차오르는 습습한 마음 묻어둘 곳 없어
내 가슴속에서는 마른 꽃 부서지는 소리가 난다

제라늄꽃의 문을 따고
기쁨 한입 베어 물어도 낯선 곳에 홀로 떠있는
물컹한 이 슬픔, 어느 곳에도 넣어둘 곳 없어
풀 먹인 옥양목 홑청처럼 푸덕푸덕 소리가 나게
햇볕에 말리고 있다

붉은 것들은 슬픔이 깊다

해질녘
흥국사 일주문 너머 보이는 길이
깊다
껍질을 벗겨 내지 않은 노을 대숲에 내려앉아
휘어지는 바람의 소리
대웅전 처마, 하늘 끝으로 끌어올리고
까치마저 물이 들었는지 오동나무에서는
붉은 울음 떨어진다
풍경을 흔드는 저, 바람
대웅보전 지붕 위 찔레 줄기 흔들고 간다
꽃 필 때부터 음모를 꾸몄던 찔레 열매
저리도 붉은 것은
새의 부리에 닿아 추락하고 싶어서였겠지
제 속의 열정을 견뎌내지 못해
황홀 절정일 때
스스로 목을 꺾는 붉은 꽃들처럼
온 세상을 다 태워버리겠다는 듯
핏빛 노을,
제 속의 것 모두 범종각까지 쏟아 놓았다
목어의 마른 울음소리 잦아들고

등 뒤에서 들려오는 범종 소리 아득해질 무렵
다 타 버린, 노을의 검은 재
일주문까지 뿌려졌다
뒤돌아보니 내 발자국마다 붉은 꽃 피어 있다

사북역 근처

바다는 저 멀리 있는데
물고기 모양 구름
지느러미 흔들어 휘청거리는 하늘 그 틈,
빈집이 빈집에 기대어
마당 가득 풀꽃으로 채워놓고
뚱딴지 밭이 되어버린 텃밭
부지런히 드나들고 있다
우물이 있었던 자리에서 텃밭까지
그만큼의 거리에
따숩고 물큰한 기억의 흔적이 행을 이루고 있다
설컹거리는 문짝 지그시 누르는 나비무늬 경첩
거미가 짜놓은
명주실 휘장 두르고 날아오르더니
그 뜨거움으로 앞마당 능소화 꽃술에 불 질렀다
후두둑
하늘에서 물고기 비늘이 떨어진다, 비릿하게
버무려진 기억들이
슬금슬금 마당 가운데로 몰려들어
온 집안이 난장이다
그대가 펴놓고 간 이불 속, 손 넣어보니

밥주발 아직 뜨듯하다

붉은 달에 관한 기억

방파제 너머 포장마차
연탄불 화덕 위에 석쇠 달구어져 벌겋다
반쯤 타다 만 달 덩어리 아직 식지 않았는지
불그레한 얼굴 가리지 못하고 흐린 구름 끌어다 놓았다
달그림자 진 밤하늘
듬성듬성 떠 있는 별 위로라도 하는 듯
오징어잡이 배 집어등 불빛 바닷물 비추고
나는 바닷바람 앞에 내 속을 다 드러내놓고
타다만 붉은 달을 한입 베어 먹었다
내 속이 뜨거워져서 방파제 난간 위로 올라갔지만
어디선가 날아온 화살에 맞아 추락하듯 뛰어내렸다
내 가슴에 박힌 화살촉처럼
아직 떨림이 남아있는 놀래미 흰 살
생선가시 몇 개 박혀 있었다
빠지지 않는 화살촉을 제 가슴에 박고 마지막 떨림을 내게 전해주는
놀래미처럼,
제 몸을 반이나 불태우고
불그레한 얼굴로 나를 바라보는 붉은 달처럼
내 심장에 박힌 화살촉 빼어내지 않고

더 깊숙이 밀어 넣었다

물의 유전자

우물천장이 있는 집, 물결무늬 선명한 우물마루가 있다
옹이가 있는 자리마다
바람이 휘돌아나가고
흔들림이 없는 자리에는 그대 마음의 파문이 인다
깃털 달린 씨앗이었을 때부터
우물을 꿈꾸던 나무, 솔방울 굴리며
송홧가루 날리며
제 속에서 출렁거리는 물길을 어쩌지 못하고
몸속에 저수지를 들여놓고
물의 흔들림을 새겨놓았다

홀로 있는 사람들이 적막을 키우는 동안
내려놓은 그림자보다 더 깊게 뿌리를 뻗어서
닿을 수 없는 곳까지
사다리를 타고 내려가서 별을 심고
심어놓은 별들이 몸을 불리려고 달빛을 끌어당기는 사이
별을 심지 못하는 사람들은
구덕 하나씩 들고 별을 따러 떠났다

우물이 되고 싶었던 나무,

제 속에 지어놓은 물길을 오래된 집에 풀어놓았다
우물마루에 앉으면 양수에 들어간 듯
몸 깊은 곳에 자리 잡은 푸른 우물이 출렁거리고
우물천장에서는 별이 쏟아진다

나무의 몸을 타고 흐르는 물길이
오래된 집 우물마루에서 잠시 숨을 고르다가
민흘림기둥을 타고 올라가서 우물천장을 흘러 돌아
다시, 그대의 몸속으로 흐른다

목단꽃 피는 봄날 오후였다
우물마루에 앉은 한 사람의 그림자가 깊었다
몸속 우물이 출렁거리는지
느티나무의 푸른 지느러미가 많이 흔들렸다

거리 재기
—창녕 교동 고분군에서

어떤 새가 흘려놓고 간 검은 깃털
물갈퀴처럼 바람을 저으며 젖무덤 위에 자리를 틀었네
벗은 몸으로 멀리 날아갔을 새의 행적을 적어놓은
상형문자 몇 개
청동 그릇에 넣어두었네
새들이 되돌아올 길의 지문을 날개 안쪽에 새기는 동안
몸속으로 흘러오는 물과 바람의 길은
어디에도 있어, 그 길의 끝에 누워서
떨켜처럼 내려앉는 시간의 연대기를 적어놓고 있을 뿐인데
저기 저
바람에 흔들리는 산뽕나무 한 그루
뭉근히 내려앉는 마음 있는지 몸 뒤척이며 서 있네
깃털의 그림자 내 몸속으로 스며들어서
고요하게 감지되는 어떤 것,
오래된 시간 속에서 부유하는 옛말,
다 받아 적을 수 있을 것 같았네
초침을 짚고 넘어가는
바람의 언덕에 걸려서
눈 한 번 깜박거리는 사이
나의 온 생이 흔들렸네

잇꽃 물든 마음 봉숭아 씨방처럼 터져버렸네

꽃 핀다, 꽃 피어난다

이미 꽃진 지 오래된 연밭을 찾아 나섰다
다소곳이 고개 숙인 연잎들
토굴에 들어가서 수행자가 된 연꽃 씨앗,
제 몸 말리며 해탈의 경지에 이르렀을 때 토굴 밖으로 나올 수 있다
몸속 깊은 방, 문 열어놓고
진흙 속으로 떨어지는 뿌리의 긴 시간을 위하여
연잎은 몸 꺾고
둥근 잎 오므려서 몸의 소리로 장엄한 연주를 한다
내밀한 향기로 울림을 주던 시간은 이제 없다
사라지는 것들은 몸속의 것을 다 비워낸 후
제 몸을 울려서 피 울음 같은 소리를 낸다
적멸한다는 것은 저토록 진한 핏빛 눈물 말리는 것이었음을
몇천 년 후 다시 맑은 연꽃잎 펼칠 수 있음을
제 몸을 두드려서 내는 소리 연밭 가득 퍼지고
그 소리 들으며 토굴 속 연꽃 씨앗
하나 둘씩 진흙 속으로 뛰어 내린다
씨앗 한 개 주워서 입술 대어본다
천 년 후 어느 날 해질녘,
은유의 바람으로 세상 적시고 있을 때

꽃 핀다, 꽃 피어난다
어화둥둥
내, 꽃 입술 찍어놓은 연꽃 피어난다

상처

평생 네가 한 일은
나의 긴 목을 휘감고 있던 검은 베일 하늘에 내걸고
빛을 차단하여
눈을 감아도 잘 보이는 세상을 만드는 일
황금빛 조각이 들어 있는 몸으로
어둔 하늘 박음질을 해댔다
수없이 반짝이는 못 자국들로 나도 아팠다
초승달의 모서리에 찔려 다친 가슴
밤이 깊도록 치유하지 못하고
검은 베일 찢고 튀어나오는 달빛은 푸르렀다

세상의 빛은 어디서 와서 어디로 가는지
박음질한 별 조각 하나 둘 빛으로 사라지는데
커져만 가는 상처의 자국,
밤하늘 한복판에 둥근 구멍이 생겼다
내 가슴에도 손을 넣으니 쑤욱 들어갔다

물컹한 슬픔 2
―사과나무

한 사람이 무릎 꿇고 앉아 먹을 갈았다
맑은 물이 먹의 몸속으로 스며들어 제 빛을 잃었을 때
그는 마음속의 심지를 꺼내서 그림을 그렸다
붓끝이 휘어질 때마다 나는 부러질 듯 몸을 구부렸다
화선지 너머까지 나아갈 수 없었다
화선지 밖으로 나가는 일은
잘 드는 칼날에 몸을 베이는 일이었으므로
거미의 다리처럼 몸을 구부려서
꺾어진 관절마다 베인 상처의 틈
을 헤집는 찬바람 눈물겨운 일이어서
휘어진 그대 가슴속으로 몸을 밀어 넣고
꺾인 몸 사이사이 꽃망울 걸어놓았다
꽃 지고 몇 번의 태풍이 지나고 나니 여름이 갔다
먹물 찍은 붓이 지나간 자국마다 조금씩 더 깊은 그림자 졌다
붉은 꽈리 밀쳐두고
그의 마음속 심지가 있는 곳에
눈물 담뿍 들어 있는 붉은 등 내다 걸었다
펴지지 않는 굽은 등뼈 마디마디 환했다
그제야, 먹물 빛 사라지고 화선지 가득 붉은 꽃물 흥건했다

꿈

자경전 꽃 담장 앞 살구나무
수백 개의 살구 떨어졌다
씨앗이 드러나고
모래가 박혀 멍이 든 살구 울컥 눈물나는…
그런 것이다
시속 몇 킬로미터로 떨어졌는지 모르지만
잎 돋고
꽃 피어나고
꽃잎 부드럽게 날리며 마음먹었던 것이다
뿌리에서부터 밀고 올라오는 힘으로
눈 질끈 감고
부서져라
부서져라 뛰어내린 것
아무에게도 가르쳐주지 않는 살구나무만의 비밀
싹 틀 수 있다면 부서져도 좋으리라고
간절한 꿈은
제 몸 던져 부서질 때 이루어지는 것임을

풍경으로 들어가는 독법讀法 혹은 탐미의 기록

나호열(시인)

따스하게 눕기

김경성의 『와온』을 읽는다. '와온' 은 남도 끝자락 순천만 바닷가의 풍광이 아름다운 마을이어서 몇몇 시인들이 눈물나게 그 정경을 옮겨 놓기도 하였지만, 나는 '와온' 의 뜻풀이 그대로 '눕고', '따스한' 느낌으로 가슴에 얹고 싶어진다. 시집의 길머리에 올려놓은 「와온」은 시집을 관통하는 비릿하고 구불구불한 길이 시작되는 곳이기도 하고 시인이 마지막으로 닿고자 열망하는 마음의 고향이기도 할 것이라고 믿고 싶어진다. 그래서 시인이 결행하는 여행은 새로움과 경이로움의 성지를 찾는 물음이 아니라 시인 자신이 체득한 경전을 더욱 굳건히 다지는 확인의 길, 순례의 길이라고 말하고 싶어진다. 『와온』에서 드러나는 수많은 풍경은 정靜에서 동動을 찾고 동에서 정을 찾는, 다시 말해서 나무나 꽃, 폐허나 탑과 같은 정물에 가까운 대상에서 생명의 움직임을 읽어내고, 강이나 바람, 새와 같은 유전流轉의 동력 속에서 고형의 본질을 모색하는 교본의 역할을 수행하고 있는 것이리라. 먼저 시 「와온臥溫」을 읽어보기로 하자.

> 목적지를 정하지 않았으니
> 멈추는 곳이 와온臥溫이다
> 일방통행으로 걷는 길 바람만이 스쳐갈 뿐
> 오래전 낡은 옷을 벗어놓고 길을 떠났던 사람들의 곁을 지나서
> 해국 앞에서도 멈추지 못하고
> 세상의 모든 바람이 비단 실에 묶여서 휘청거리는
> 바람의 집으로 들어선다
> 눈가에 맺힌 눈물 읽으려고
> 나를 오래 바라봤던 사람이여
> 그 눈빛만으로도 눈부셨던 시간
> 실타래 속으로 밀어 넣는다
> 흔들리는 것은 바람만이 아니다
> 흘러가버린 시간의 날줄에 걸쳐 있는

비릿한 추억, 삼키면 울컥 심장이 울리는 떨림
엮어서 갈비뼈에 걸어 놓는다
휘발성의 사소한 상처는
꼭꼭 밟아서 날아가지 못하게 하고
너무 깊은 상처는 흩어지게 펼쳐 놓는다
소용돌이치는 바람의 집
네 가슴 한껏 열고 들어가서
뜨거운 기억 한 두릅에
그대로 엮이고 싶은 날이다

시인에게 있어서의 '와온' 은 바람의 집으로 인식된다. 바람이 상징하는 삶의 허무와 부질없음, 사라짐 또한 무無로 되돌아갈 것이 틀림없지만 역설적으로 그 무無가 차지할 공간이 필요하다는 의미도 성립 가능한 추리이므로 결국 이 세상에서 사라지거나 소멸하는 존재는 없다는 화엄華嚴의 의미로 확장된다. 흘러가버린 시간의 날줄은 유형의 갈비뼈로 치환되고 그런 까닭에 휘발성이라는 개념도 날아가 버리지만 흩어지게 펼쳐놓을 수 있는 물질로 현현할 수가 있는 것이다. 이와 같이 있음과 없음의 경계를 해체하는 시인의 눈은 광대무변한 이 세상의 어느 곳이라도 가닿을 수 있는 근력을 생성하게 하고 그 어느 곳에 있든, 어떤 사물을 대하든 두려움 없이 기꺼이 껴안고 말을 나눌 수 있는 동무가 되기로 약속하는 것이다. 시인과 마주하는 대상은 몇 개의 성질과 속성으로 분별할 수 있는 것이 아니라 혼융의 상태에 있는 것이다. 우리의 오욕칠정도 하나하나 다른 것이 아니라 서로서로 보듬고 기대고 있는 따스함의 분자일 뿐이다. "아프게,/제 속의 것 다 드러내 보이는/송진 같은/저수지의 속 길"(「저수지의 속 길」) 마지막 부분이나 "무언가를 담고 있었던 것이나, 떠나고 난 자리에는/왜 저리도 깊은 주름이 새겨지는 것인가"(「견고한 슬픔 1」) 첫 부분처럼 아픔과 진득한 송진, 떠남과 주름의 대립적 이항二項마저도 "왜, 너의 가슴속으로 들어간 것들은 모두/가루가 되거나, 즙이 되거나/덩어리 하나 없이 그렇게 다 부서져 버리는지 몰라"(「맷돌」) 첫 부분에서 토로하는 바대로, 기쁜데도 왠지 슬퍼지고, 슬픈데도 왠지 기쁨이 충만되는 정서의 물결을 이루게 한다. 마치 눈물의 성분이 어떤 경우에도 짠 맛이 나는 것처럼, '와온'은 살아 숨쉬는, 이미 소멸해버린 그 모든 것들을 따스하게 포용하는 시인의 본성과도 맞닿아 있을 것이다.

바람처럼 걷다

김경성의 시들을 다른 측면에서 읽어보면 여행의 기록이라고 해도 무리가 없을 것이다. 규방閨房에 있으면서 언제 그렇게 많은 길을 걸어갔던 것인지 놀라지 않을 수 없는 것이다. 국내외를 가리지 않고, 적도 아프리카에서 고산의 티벳까지, 실크로드를 품에 안은 타클라마칸 사막에서 덧무늬 토기가 낙엽처럼 밟히는 폐사지까지 시인의 눈길, 발길이 닿은 곳들이 질펀하게 깔린 시편들은 무한천공에서 외롭게 빛나는 밤하늘 별처럼, 산사의 처마 끝에 매달려 바람을 기다리는 풍경처럼 독자들을 환상과 경이로운 세계로 인도하고 있다. 여행의 기록이라고 말했지만, 김경성의 여행은 유람과 새로운 소재의 발굴에 목적이 주어져 있는 것이 아니다. 앞서도 잠시 언급했지만 그의 여로는 시간과 공간의 경계를 넘어서서 생명의 아름다움과 연기緣起를 확인함으로서 삶의 역경과 곤궁함을 상쇄하려는 긍정적 세계관의 분투에 바쳐져 있음을 놓쳐서는 안 된다는 점을 기억해야 한다. 이것이 있음으로 저것이 있고, 저것이 있음으로 이것이 있다는 緣起觀은 새로울 것도 없지만 시인의 토로에서는 현실감을 가진 이미지로 도드라지는 것을 볼 수 있다. 시 「날카로운 황홀함」은 화순 운주사 와불에 대한 이야기지만 "운주사 와불을 보려면/와불 옆에 있는 소나무의 마음을 알아야 합니다.(중략) 그 자리에 오래 서 있는 지 여백을 읽을 줄 알아야 합니다"라고 적시함으로써 이것과 저것이 서로 둘러싸는 경지, 혹은 여백 읽기가 한 대상을 알아가는 한 방도임을 제시하고 있는 것이다. 이런 기법은 시집 『와온』 전편에 일관되게 나타나는 수사修辭로서 목소리를 높이지 않고 감정의 과잉이 없이도 에둘러 시의 메시지를 전달하는 효과를 거두고 있기도 한 것 이다. 어떤 현상의 배후를 돌아가는 것이 아니라 현상의 뿌리로 굴착해 들어가는 시편들은 마치 켜켜이 퇴적되고 매몰된 트로이 유적이 품은 연대가 다른 각각의 유적들을 발굴하는 현장에 마주 서 있는 듯한 황홀감마저 느끼게 하는 것이다.

동박새가 동박새를 부르는 소리는 붉다
소란스러운 동백 숲, 가만히 있지 못하겠다
황홀한 제 몸 열어서 동박새의 부리를 담는
동백, 상처 난 자리에
붉은 혀를 대어보니
달큰하고 끈적거리는 심장의 맛 가슴을 할퀸다
잉잉거리는 꿀벌들의 소리 폐 깊숙이 파고드는
무위사 동백 숲, 붉은 그늘이 너무 무거워 빠져나갈 수 없다
발에 밟히는 동백꽃 향기에 미끄러져서 그만, 붉은 꽃 자리에 주저앉고 말았다
내 몸 가득 꽃이 피었는지
동박새 긴 부리를 내 몸에 대고 쪼아대기 시작했다, 수없이 많은 꿀벌들
음모를 꾸미고 있다
아직 갈 길이 먼데 몸에 붙은 꽃 너무 붉다

극락보전 뒤 동백 숲 동박새 소리, 풍경 흔들어대며 붉은 그늘 끌고 온다

—「붉은 그늘」 전문

붉은 그늘이라니! 얼마나 아름다운 광경인가! 동박새 울음소리가 붉어 동백이 붉은가? 동백이 붉어 이 모든 만물이, 모든 몸과 마음이 붉어지는가? '붉음' 으로 혼연일체가 되는 생명의 환희가 소름끼치는 시를 읽는 독자들도 장작불처럼 후끈 달아

오르는 당혹감에 빠지지는 않을런지 자못 궁금해지기도 한다. 이와 같이 김경성의 시편들은 유무형의 사물들을, 관념들을 의인화하고 때로는 동일성을 추구하면서 회통의 영지를 넓히는 탐미주의자의 특성을 지니고 있다고 생각해 볼 수도 있을 것이다. 여기서 탐미耽美는 시인이 본래적으로 가지고 있는 취향이 아니라 모든 존재가 선험적先驗的으로 구비하고 있는 덕목을 찾아가는 행위라고 해야 마땅할 것이다. 이 말은 즉, 존재하는 모든 사물이나 현상은 그 자체로서의 가치를 가지며, 그 가치는 존재와 존재가 마주치는 순간에 섬광처럼 번지는 열락 같은 것으로 이것을 온전히 포착하여 받아 적는 일이 시인의 과업임을 천명하고 있지는 않은지 궁구할 필요도 제기될 것이다.

달의 의미

한때 시인은 예견자이거나 시대의 부조리를 고발하는 역할을 수행하는 존재로 각광을 받았던 때가 있었다. 범인凡人들이 무심코 넘어가거나 예측하지 못하는 시대적 징조를 예민한 촉수로 들추어내어 범인들로 하여금 각성의 길로 들어서게 하는 선지자의 역할이 바로 그런 것이다. 아니면 한때의 사조로 치부해 버려도 그만일 테지만 여전히 개인의 낭만적 감성과 유미적唯美的 취향이 결합한 형식주의 시관이 위력을 발휘하고 있는 것도 분명한 사실이다. 여기에 디지털시대의 도래와 맞물려 포스트모더니즘의 해체적 경향이 새로운 시도로 주목받는 형국

이기도 하다. 어쨌든 다양한 포즈와 색깔로 문학이 외면당하고 시가 죽어가는 역경을 헤쳐 나가는 이 땅의 시인들이 이룩한 시적 성취는 격려와 위로를 받기에 충분할 것이다. 다소 장황하고 진부한 이야기를 새삼스럽게 꺼내어 보는 것은 오늘의 시인들이 이러한 여러 갈래의 조류로부터 자유롭지 못하고 자신만의 목소리와 색깔을 찾는데 주저하고 있는 딜레마에 봉착하고 있다는 사실을 상기해 보고자 함이다.

그렇다면 김경성 시인의 발걸음은 어디로 향하고 있는 것일까? 시집 『와온』에 드러난 바의 소회는 그 어떤 경향의 그늘에도 속하지 않음으로서 '외롭다' 는 사실에 있다. 불교적 상상력에 기댄 작품들이 산견되고 있지만 그러한 작품 속에서도 노장老莊의 생각들이 곳곳에 스며들어 있고 때로는 서구적 취향마저 드러나는 복합성을 띄고 있다는 점을 눈여겨 볼 필요가 있다는 점이다. 이런 복합적 사유가 시인의 정체성을 흩트려 놓을 수 있겠지만 오히려 시인의 독특한 강점이 될 수도 있을 것이다. 눈치 빠른 독자는 이미 알아채 버렸겠지만 시집 『와온』의 중심에 자리 잡고 있는 상징은 '달' 의 이미지이다. 「달의 궁전」, 「달의 뒤편 1」, 「달의 뒤편 2」, 「붉은 달에 관한 기억」 등 달을 소재로 삼은 시편은 나무나 바람과 같이 빈번히 등장하는 소재에 비하여 상대적으로 적은 편수에 속하지만 시인이 의식하고 있던 아니던 간에 시인의 의식을 지배하는 중요한 기제임은 틀림이 없다고 보아진다. '달' 은 어떤 의미를 지니고 있을까? 서구의 전통에서 '달' 은 불길함, 변덕스러움으로 표징되는 반면에 북반구 중국이나 우리나라에서는 풍요와 극즉반極則反

의 자연 변화의 상징물로 생활 속에 녹아들어 있음을 알 수 있다. 우리가 상용하는 양력陽曆보다 달의 변화에 절기를 맞춘 음력陰曆이 농경문화에 더 실용적이었음은 두말할 나위가 없다. 기울면서 차오르고, 차오르면 다시 야위는 달의 무한한 반복성은 난관과 신고辛苦를 이겨 나가게 하는 에너지였던 것이다. 흥망興亡과 길흉吉凶이 오가는 삶에서 달은 기원의 상징이고 발복의 피난처였던 것이다. 시인의 심상에 달은 모든 존재를 비추고 감싸고 위로하는 너끈한 힘을 가진 피난처이기도 하며 구원을 염원하는 사원이기도 한 것이다. 그 한 예를 시 「달의 궁전」를 감상하는 것으로 대신하기로 하자.

처음부터 높은 곳에 달의 방이 있었던 것은 아니다
우리가 해찰 하는 사이 달은
나무 우듬지에 걸터앉아
호시탐탐 우리 근처를 배회했던 것이다
날개를 갖지 못하는 사람들은
철근 콘크리트 기둥을 나무 모양으로 세우고
수백 채의 집을 지어 달의 방을 만들었다
비밀번호를 몰라도 방으로 들어가는 법을 아는 달은
지금도 몸 굴리거나 몸 열어 여러 개의 방을 삼키면서
사람들을 끌어안는 것이다
가장 높은 꼭대기의
집 한 채,
다른 집보다 한 뼘은 더 깊은 방에 사는 그가

보름날 금실로 짜 넣은 달그림자 접어놓고
달의 문을 열어 내 손에 열쇠를 쥐어주었을 때
솜털 세운 달의 가슴 부풀어 올라
물오른 나무도 덩달아서 향기 분질러대며
열꽃 같은 꽃망울 터트렸다
문을 열고
쏟아져 나오는 달빛
삼키며 달의 중심으로 들어갔다
달의 궁전은, 달 속에 있는 것이 아니다
닳아버린 달의 안쪽이 다시 커지는 만큼의 시간이거나
먼 곳까지 빛의 그물 드리워 달의 몸이 작아질 만큼의
시간이 흐른 후
달의 문짝 너머로
부풀어 오른 달의 가슴이 보이는
그의 방이 달의 궁전이다

어디 그 뿐인가? "오래된 탑이 무너지지 않고 서 있는 것은/탑의 가장 높은 찰주 끝에 달빛이 걸렸거나"(「달의 궤적」 부분), "달의 뒤편도/푸른 이끼보다 더 은은한 것들로 덮여있어/지느러미가 달린 말들이 파닥거리고 있을까"(「달의 뒤편 1」 부분), "방파제 너머 포장마차/연탄불 화덕 위에 석쇠 달구어져 벌겋다/반쯤 타다 만 달 덩어리 아직 식지 않았는지/불그레한 얼굴 가리지 못하고 흐린 구름 끌어다 놓았다"(「붉은 달에 관한 기억」 부분)에서처럼 고개 들어 우러러보는 신앙적 대상물이 아닌 바로 우리 삶에 놓여 있는 광물鑛物이거나 언어이거나 음식물로 자연스럽게 환치되는 것을 목도하게 됨으로써 내재적 심상의 확장을 눈여겨 볼 수 있는 것이다. 이는 단순한 물활론이나 토테미즘의 성향이 아닌, 시인이 본래적으로 지니고 있는 삶에 대한 진지한 성찰에서 이룩한 소중한 성과로 보여지는 것이다.

시의 진정성

그렇다고 해서 시집 『와온』을 통하여 시인의 성취를 성급히 가늠할 수는 없다. 치밀하고 내밀하게 사물과 현상의 속살 깊숙이 들어가서 결 고운 생명의 숨소리를 듣고 그 아름다움을 받아 적는 시인의 독법은 충분히 아름답고 독창적이지만 의도적으로 생활을 배제하거나 은폐하고 있는 듯한 시편은 '떠남'에 중심추를 놓음으로써 구체적 현실을 놓치고 있다는 취약점을 노정하고 있기도 하다. 그래서 지나친 회고와 퇴행이라는 함정을 피해 나가는 것이 앞으로 시인이 극복해야 할 과제일 수도 있는 것이다. 그런 까닭에 시 「실크로드」는 앞으로 시인이 건너야 할 현실과의 대결을 감당할 의지를 보여주는 전환점에 놓여 있는 시로 주목할 만하다.

신당동 집 아래층 양복공장
실크로드에서 카펫을 짜던 사람이 있다

새벽부터 시작되는 재봉틀 소리
사막으로 돌아갈 길의 지도를 그리고 있다

안개 걷히지 않은 새벽 여섯 시
낙타를 타고 먼 길 떠나는 사람의
손끝 아린 비단 실
씨실 날실 그가 걸어갈 길의 무늬를 그린다
온종일 걸어도 끝이 보이지 않던 길
돌아보면 발자국은 바람에 지워져 있었다
밤새 짜던 카펫 속 길,
모퉁이에 앉아 마시는 박하차처럼
마음 끝에 걸리는 알싸한 실타래는
다음 날 새벽이 오도록 멈추지 않는다
길을 벗어나지 못했다

재봉틀 소리를 타고 실크로드를 걷는다
샹그릴라는 멀지 않다

—「실크로드」 전문

경쾌한 리듬과 현실과 환상을 적절히 직조하면서 노동의 고단함과 그 고단함 속에서 새롭게 열려가는 길을 희망하면서 '실크로드' 라는 교류와 '샹그릴라' 라는 이상향의 행복한 접점을 간구하는 시인의 눈길은 앞으로의 시작詩作에 든든한 주춧돌이 될 것임을 믿는다.

아무리 시가 허구(fiction)이고 상상력에 기대어 있다 하더라도 머리만으로, 손끝으로 쓴 시와 자신의 삶을 대치시키고 투영하면서 가슴으로 쓴 시는 그 격이 다르지 않겠는가.

글을 마무리하면서 주마간산으로 『와온』을 읽은 것은 아닌지 두려움을 느낀다. 이 길지 않은 글은 시인과 『와온』의 그림자를 짐작해 본 것에 지나지 않는다. 그 깊은 속살은 독자들이 더듬고 아로새겨야 할 여백으로 남겨두기로 한다. 같은 길을 가는 동도의 입장에서 바라보는 김경성 시인은 시의 진정성이 무엇인지를 터득하고 있는 든든함이 가득한 사람이다. 아는 만큼, 느끼는 만큼 주어진 대상에 생명의 숨결을 불어넣을 줄 아는 세밀함과 진지함, 자신의 삶과 그것들을 아프게 버무리는 진정성이 우뚝해 보여서 한층 더 기쁨이 크다.

부디 시집 『와온』을 출발점으로 삼아 치열한 삶의 현장으로 돌진하는 패기가 북돋아지기를 기대한다.

문학의전당 · 시인선 99
와온

© 김경성 2010

초판인쇄 2010년 10월 15일
초판발행 2010년 10월 20일

지 은 이 김경성
펴 낸 이 김충규
펴 낸 곳 문학의전당
출판등록 제387-2003-00048호(2003년 9월 8일)

주　　소 121-718 서울특별시 마포구 공덕2동 404번지 풍림VIP빌딩 202호
전화번호 02-852-1977
팩시밀리 02-852-1978
블 로 그 http://blog.naver.com/mhjd2003
전자우편 mhjd2003@naver.com

ISBN 978-89-93481-71-6 03810

바람에 흩날리는 매화향기
휘청휘청 소름 돋는다

늙은 자목련 굽이굽이 휘어진 가지 끝마다
꽃눈 틔워서 풍경소리 어루만지고
티티 티티
가을볕, 꽃살문에 기대는 소리 터진다
오래된 나무가 내는 꽃잎의 소리를 마시며
자북자북 쌓이는 꽃 그림자 거두어서
문 너머 닿을 수 없는
너의 심장 근처까지
향기 흘려보낸다

깃털 잃은 새들,
흰 뼈 마디마디에
날갯짓으로 쓸어놓은 길의 지도를 돋을새김하는
늦가을이다

달의 뒤편 2
―우물

그렇게 많은 달의 즙을 삼키고도 가득 차서 넘치는 법이 없다
기다림만 잔뜩 무는 하루는 길었다
달을 찾으려고 그 많던 물 다 퍼내고 맨발로 우물 속으로 들어가는 사람 있었다
물이끼 긁어내고 바닥이 드러나도록 닦아도 달은 보이지 않고
모서리에 박혀서 빠지지 않는 사금파리 조각 발바닥을 찔렀다
다시 물이 차오르고,
우물에서 빠져나와 밤마다 달을 베고 잠이 들었다
그의 장미꽃잎 같은 가슴 안쪽에도 달의 즙이 스며들었다
미나리꽝 쇤 미나리 꽃 피어 잎 희뜩거렸다
달을 삼키고, 해를 삼키고, 바람마저 삼키는 우물
바람 서늘해지니 물이 따스해졌다
나도 그만 자박자박 그 사람의 가슴속으로 들어가서 얼굴을 묻었다
물컹, 달이 만져졌다